Portrait d'un festival

Portrait of a Festival

Research and text / **Recherche et textes**
Ron Rosenthall

We extend our warmest thanks to the artists who appear in these pages, and to all the others who have taken part in the Festival over the last two decades. Not only was the fame that the Festival enjoys today constructed of their efforts, but they bequeathed to us with their every performance a legacy of intense emotions, many of which, courtesy of some very talented photographers, we can now relive (photo index, page160).

Nous désirons remercier chaleureusement les artistes qui apparaissent dans ces pages, de même que tous ceux et celles qui ont participé au Festival au cours des deux dernières décennies. Si leur présence a permis à l'événement musical montréalais d'atteindre la notoriété qu'on lui connaît, ils nous ont d'abord légué, à chacune de leurs prestations, des émotions intenses, dont certaines peuvent aujourd'hui être rappelées à nos souvenirs grâce à des photographes de talent (index à la page 160).

Project director / direction du projet
Caroline Jamet

Translation / traduction
Jean-Luc Duguay

Additional translation / traduction additionnelle
Jean-Yves Girard

Research assistant / aide à la recherche
Isabelle Crevier

Editorial assistant / collaboration à la rédaction
Benoît Poirier

We appreciate the assistance of / Nous remercions pour leur collaboration
Alain Simard, Roxanne Corbin, Catherine Famelart

The publisher gratefully acknowledges the support of le ministère des Affaires municipales et de la Métropole and Canada Economic Development. / Nous remercions de leur contribution le ministère des Affaires municipales et de la Métropole et Développement économique Canada.

Front cover photo / photo de la couverture 1
Pierre David design
Graphic design / design graphique
Pierre David design
Graphic production / production graphique
Tom Yakobina
Black and white prints / tirages des photos noir et blanc
Alix & Gagné
Black and white scans / numérisation des photos noir et blanc
PhotoSynthèse
Printed in Canada by / imprimé au Canada par
Imprimeries Quebecor Inc., Usine Saint-Jean

The Festival International de Jazz de Montréal Inc. is a non-profit organization devoted to the promotion of jazz music; all profits are remitted to the public in the form of free concerts. / Le Festival International de Jazz de Montréal inc. est un organisme sans but lucratif dont la mission consiste à promouvoir la musique jazz et dont les surplus sont remis au public sous forme de concerts gratuits.

ISBN: 2-9806407-0-0

Festival International de Jazz de Montréal inc.
822, rue Sherbrooke Est
Montréal (Québec)
Canada H2L 1K4

"... when 101,076 people converge on a few blocks of hot asphalt to choose from 35 concerts in a single day – with the happy prospect of 10 similar days to follow – you remember once again why you fell in love with this city in the first place."

Paul Wells, *The Gazette*

« Tout à coup, cette ville ... se transforme, se transfigure, vibre de mille couleurs, palpite de millions de visages, détache son corset nordique pour épouser les Tropiques, s'invente une autre personnalité comme une danseuse en cavale et retrouve le *swing*, le coeur et l'âme dont elle a désespérément manqué pendant toute l'année. »

Nathalie Petrowski, *La Presse*

Le Premier ministre du Canada
The Prime Minister of Canada

Le Premier ministre du Québec
The Prime Minister of Quebec

Le maire de Montréal
The Mayor of Montreal

C'est avec grand plaisir que j'adresse mes cordiales salutations à tous ceux et celles qui célèbrent le 20ᵉ anniversaire du Festival International de Jazz de Montréal.

Depuis vingt ans, Montréal vibre aux accents du jazz. Dans les rues et les salles, la musique occupe toute la place et crée une ambiance unique de fête. Le Festival offre une programmation exceptionnelle et constitue assurément une merveilleuse occasion de rencontres et de découvertes.

Je félicite les personnes associées au Festival et offre à tous et à toutes mes meilleurs voeux pour l'avenir.

It gives me great pleasure to extend my warmest greetings to everyone celebrating the 20th anniversary of the Montreal International Jazz Festival.

For twenty years, Montreal has been swinging to the beat of jazz. During the festival, music has pride of place on the streets and in the concert halls, creating a unique festive atmosphere. The jazz festival, with its exceptional programming, presents wonderful opportunities to discover new sounds and make new friends.

I would like to congratulate everyone involved in this event and offer all participants my best wishes for the future.

Jean Chrétien

Chaque année, pendant une douzaine de jours, la métropole québécoise se met au diapason du Festival International de Jazz de Montréal. Dans une atmosphère tout à fait extraordinaire où la musique prend incontestablement la vedette, la ville s'anime et vibre aux divers rythmes de ce genre musical.

En 1999, cette grande manifestation culturelle fête ses vingt ans! Deux décennies marquées par une popularité croissante et un succès sans cesse renouvelé. Grâce au bouillonnement d'activités et à l'effervescence engendrée par la présentation de centaines de spectacles, ce festival est reconnu comme un des meilleurs au monde. Fébrilement attendu par les amateurs, cet événement constitue une occasion privilégiée d'entendre les grands noms du jazz québécois et international. C'est également une irrésistible invitation à découvrir les artistes de la relève et à prendre le pouls des nouvelles tendances musicales.

Le Festival International de Jazz de Montréal contribue de manière significative au rayonnement du Québec sur la scène culturelle mondiale et je lui souhaite une longue vie!

Every year, for 12 days Montréal gets in tune with the Festival international de jazz de Montréal. In a remarkable atmosphere in which music unquestionably takes centre stage, the city livens up and vibrates to the varied rhythms of jazz.

In 1999, this major cultural event is celebrating its 20th anniversary. During the two decades of its history, the festival has enjoyed growing popularity and constant success. A wealth of activities and the effervescence engendered by hundreds of performances make this festival one of the best in the world. Jazz fans eagerly await the festival, which affords them an opportunity to hear the leading Québec and international jazz musicians. The event is also an irresistible invitation to discover upcoming artists and to take stock of new musical trends.

The Festival International de Jazz de Montréal is contributing significantly to broadening Québec's influence on the international cultural scene.

I extend my best wishes for its continued success!

Lucien Bouchard

Montréal est avant tout une métropole multiculturelle, une cité vivante où la joie de vivre est palpable. Elle est composée de citoyens ouverts aux traditions et aux grands courants internationaux. Vingt ans de jazz ont transformé le visage de Montréal. Le Festival International de Jazz de Montréal est, depuis ses débuts, un apport exceptionnel à la qualité de vie de tous les Montréalais. Inspirés par notre sens de la fête, les plus grands musiciens de jazz au monde deviennent nos compatriotes, l'espace de quelques jours. Cette rencontre annuelle favorise les échanges et le rapprochement entre les différentes communautés qui composent le Montréal d'aujourd'hui. Je tiens à souligner le travail remarquable des organisateurs qui, par leur souci constant de soutenir le développement du jazz et leur volonté de mettre en valeur les artistes en émergence, propulsent Montréal au titre de la Ville de jazz par excellence.

Félicitations à toute l'équipe du Festival International de Jazz de Montréal.

Above all, Montréal is a multicultural metropolis, full of life and joie de vivre. Its citizens are open to traditions and influences from around the world. Twenty years of jazz have changed the image and heart of our city. The Montréal International Jazz Festival, from its very beginning, has made an exceptional contribution to the quality of our lives. Inspired by our feelings for festivity, the greatest jazz musicians in the world become Montrealers for a few days. This annual gathering is the perfect opportunity for exchanges and closer relations between the many communities that make up Montréal.

I would like to point out the remarkable work of the organizers. It is their unrelenting support of jazz and their decision to promote emerging artists that have earned Montréal the title of Jazz City par excellence.

Congratulations to the team of the Montréal International Jazz Festival.

Pierre Bourque

The Festival had its source in a great and wonderful dream. The dream, first, was to bring the biggest names in jazz to Montreal: Ella, Oscar, Miles, Sarah. Then, it was to let local audiences discover performers like Astor Piazzolla, Antonio Carlos Jobim, Paolo Conte, Paco de Lucía, Youssou N'Dour, Urban Sax. Thirdly, it involved creating a springboard for our own jazz musicians, players like Oliver Jones, Vic Vogel, Lorraine Desmarais, Michel Donato and François Bourassa, to name a few. (Along the way the Festival has also succeeded in boosting the careers of such as Diana Krall, Jeff Healy, Hugh Fraser, Lhasa de Sela, Jon Ballantyne and Colin James, and even of more than a few young wolves out of New York.)

Another part of the dream had to do with creating a place where creativity happened, where musicians could come together and blend their influences, where musics of the world, classical orchestras, and even the visual arts, cinema and dance could join hands – and a place, above all, that would transfigure the heart of Montreal, creating a true urban entertainment event that would bring people together, that would take them away on a musical voyage, that would open up to them new horizons of sound and rhythm.

Thank you to all those who shared that dream with me and who helped it evolve, first and foremost André Ménard, Denyse McCann, Daniel Harvey, Alain De Grosbois, Luc Châtelain, Charles Joron, David Jobin, Caroline Jamet, Jacques-André Dupont, Jacinthe Marleau, Michèle Neveu, Louise Gauthier – and all the members of L'Équipe Spectra.

Thanks also to everyone who, believing in our dream, enabled us to achieve it: our partners both public and private, the broadcasters, the media, and especially the public. It's because of all of you that today we can leaf through a book like this one, so rich in emotions and memories, and draw from it the energy and motivation to carry the Festival into the next millennium.

Alain Simard, Founder and President

À l'origine de la création du Festival, il y avait bien sûr un beau grand rêve. Celui de faire venir à Montréal les plus grands noms du Jazz, Ella, Oscar, Miles, Sarah, mais aussi de faire découvrir ici les Astor Piazzolla, Antonio Carlos Jobim, Paolo Conte, Paco de Lucía, Youssou N'Dour, Urban Sax. Celui aussi d'offrir un tremplin pour nos musiciens de jazz comme Oliver Jones, Vic Vogel, Lorraine Desmarais, Michel Donato, François Bourassa, etc. Le Festival aura également donné un coup de pouce aux Diana Krall, Jeff Healy, Hugh Fraser, Lhasa de Sela, Jon Ballantyne, Colin James et même à plusieurs jeunes loups de New York !

Je rêvais aussi d'un lieu de création où les musiciens pourraient se rencontrer, mêler leurs influences, y intégrer musiques du monde, orchestres classiques et parfois même arts visuels, cinéma et danse ; et surtout, de transfigurer le centre-ville de Montréal, de créer un véritable événement d'animation urbaine qui rapproche les gens, qui les fasse voyager en musique, qui ouvre leurs horizons à de nouveaux rythmes, de nouvelles sonorités.

Merci à tous ceux qui ont partagé et développé ce rêve avec moi, au premier chef André Ménard, Denyse McCann, Daniel Harvey, Alain De Grosbois, Luc Châtelain, Charles Joron, David Jobin, Caroline Jamet, Jacques-André Dupont, Jacinthe Marleau, Michèle Neveu, Louise Gauthier et tous les membres de L'Équipe Spectra.

Merci à tous ceux qui ont cru à notre rêve et nous ont permis de le réaliser : nos partenaires publics et privés, les diffuseurs, les médias et, surtout, le public. C'est grâce à vous tous si nous pouvons feuilleter aujourd'hui ce livre si riche en émotions et en souvenirs et y puiser l'énergie et la motivation pour amener l'événement encore plus loin dans le troisième millénaire.

Alain Simard, président-fondateur

FESTIVAL INTERNATIONAL de JAZZ de MONTRÉAL.

If those four words could talk . . .

FESTIVAL

Try this. Say the name. Watch as faces light up, smiles form, memories get trotted out. A name that attracts more than a million and a half people. Today, the phenomenal success of the event is there for everyone to behold. But twenty-five years ago the world's most important jazz festival was no more than a slightly daft idea in the head of its founder, Alain Simard. At the time he was a young producer associated with Kosmos and who had already brought to Montreal Chick Corea, Larry Coryell, John Lee Hooker, Sonny Terry and Brownie McGee, Weather Report, Dave Brubeck, Muddy Waters. This dreamer's dream – as he put it in his very first grant application, in 1978 – was to "establish a truly international jazz festival that in time will attract American tourists to Montreal by the thousand." The request was turned down, as it happens, and so were all the others until the third Festival, in 1982.

Not that lukewarm reactions from government or anyone else would take the wind out of Alain Simard's sails or those of his associates, André Ménard and Denyse McCann. They bring Charles Mingus, Jean-Luc Ponty, B.B. King, Oregon, Bill Evans and Gary Burton to Montreal. Even when, in 1979, a first edition of the Festival is announced and then called off three months before the scheduled dates for lack of financing, they still don't cry uncle, presenting Keith Jarrett and a relative unknown named Pat Metheny. At long last, in the summer of 1980, with support from Alain De Grosbois

Quatre mots qui, en vingt ans, ont fait le tour du monde.
FESTIVAL INTERNATIONAL de JAZZ de MONTRÉAL.
Quatre mots qui en ont long à dire...

FESTIVAL

Faites le test. Dites son nom. Et regardez naître les sourires, s'illuminer les regards et s'emballer la machine à souvenirs... Un nom tout seul capable d'attirer à lui plus d'un million et demi de personnes. Aujourd'hui, l'extraordinaire succès du Festival International de Jazz de Montréal est une évidence pour tout le monde. Pourtant, il y a vingt-cinq ans, le plus important festival de jazz au monde n'était encore qu'un pro-

jet un peu fou mais bien ancré dans la tête d'Alain Simard, le fondateur. À l'époque, ce jeune producteur associé à « Kosmos » avait déjà fait venir à Montréal les Chick Corea, Larry Coryell, John Lee Hooker, Sonny Terry et Brownie McGee, Weather Report, Dave Brubeck, Muddy Waters. Ce visionnaire rêve de « mettre sur pied un festival de Jazz véritablement international qui attirera un jour des milliers de touristes américains à Montréal », écrira-t-il dans sa première demande de subvention, en 1978. Demande qui sera refusée, comme toutes celles qui suivront, et ce, jusqu'au troisième festival, en 1982.

Devant les réactions mitigées du milieu et des gouvernements, Alain Simard et ses associés, André Ménard et Denyse McCann, ne baissent pas les bras. Au contraire, ils amèneront à Montréal Charles Mingus, Jean-Luc Ponty, B.B. King, Oregon, Bill Evans et Gary Burton. Même lorsque, en 1979, une première édition du Festival est annoncée et annulée trois mois avant sa tenue, faute de financement, ils ne s'avouent pas vaincus et présentent quand même

of CBC Stereo and Télé-Québec, the first Montreal International Jazz Festival plays host to its first artists on St. Helen's Island, among them Ray Charles, Vic Vogel, Chick Corea and Gary Burton. And its first spectators: 12,000 answer the call. From edition one the Festival has all the ingredients that will mark its success and originality: a laid-back atmosphere where discoveries and a good time go hand in hand; eclectic programming, made up as much of big names in American jazz as of talented local musicians; an important component of free shows; a traditional New Orleans band on hand to entertain. The public can already pick up a free program, an honorary membership card, and even the black tee-shirt with the famous logo.

The new-born event is quick to grow, doubling in size, becoming a non-profit corporation. For its third summer the Festival gets sponsors, and abandons its island home for more central locations. The first of these is Montreal's Latin Quarter, but the neighborhood quickly proves to be too cramped for the throngs of visitors, which grow more dense with each passing year.

In July 1989, the Festival finds its true home, in the heart of downtown, at the foot of Place des Arts and in the shadow of Complexe Desjardins. Off-limits to vehicular traffic, the streets enclosing the area are transformed as if by magic into a utopian village where locals and the tourists attracted to the Festival by growing word of mouth retake possession of an expanse of asphalt now metamorphosed into an immense public square. The outdoor policy consists of essentially two elements: quality and free admission. Direct commercial solicitation is prohibited, and people take pleasure in roaming freely from one stage to another – along the way making musical discoveries and stepping over cul-

Keith Jarrett et un nouveau venu du nom de… Pat Metheny ! Finalement, à l'été 1980, grâce à l'appui d'Alain De Grosbois, de CBC Stéréo et de Radio-Québec, le premier Festival International de Jazz de Montréal accueille ses tout premiers artistes, sur l'île Sainte-Hélène, dont Ray Charles, Vic Vogel, Chick Corea et Gary Burton. Et ses premiers spectateurs. Ils sont 12 000 enthousiastes à répondre à l'invitation. Dès sa première édition, le Festival possède déjà tous les ingrédients qui feront son succès et son originalité : ambiance décontractée propice aux découvertes et à la fête ; programmation éclectique, où l'on retrouve autant des grands noms du jazz américain que de talentueux artistes locaux ; important volet de spectacles gratuits ; animation de foule sur le site avec un groupe de la Nouvelle-Orléans. Le public peut déjà s'y procurer le programme gratuit, la carte de membre honoraire et même le t-shirt noir avec le célèbre logo !

Le nouveau-né croît rapidement, double de volume, devient une corporation autonome sans but lucratif. Dès le troisième été, le Festival trouve ses premiers commanditaires et quitte son île pour déménager en ville, tout d'abord dans le quartier latin montréalais, qui devient rapidement trop exigu pour la densité des foules qui augmente chaque année.

Enfin, en juillet 1989, le Festival trouve définitivement son vrai nid, au coeur du centre-ville, aux pieds de la Place des Arts et à l'ombre du Complexe Desjardins. Fermées à la circulation automobile, les rues qui sillonnent ce quadrilatère se transforment par magie en un village utopique, dans lequel les citadins et les premiers touristes, attirés à Montréal par un bouche à oreille grandissant, reprennent possession du bitume converti en une immense place publique. Avec une politique de qualité et gratuité, interdisant toute sollicitation

tural boundaries. This is where an astonishing social phenomenon begins to take place. Immense crowds of all origins flock together daily to commune by means of music and to take part in a genuine open-air mass where a multitude of artists from every continent officiate. Growth becomes exponential: for its tenth anniversary, the tally of Festival-goers reaches one million; artists approach the 2,000 mark, then pass it. The numbers involved border on the incredible: 160,000 people attend the spectacular 1995 tribute to the music of the Cirque du Soleil and its composer, René Dupéré. The same year there are more than 100 indoor concerts, and a total of 400 concerts over eleven days. In 1996 over one and a half million visit the Festival, twenty percent of them foreign tourists, and the economic windfall approaches $100 million. Maybe Alain Simard was right to believe in his Festival after all . . .

INTERNATIONAL

The Festival can take pride today in having thousands of ambassadors worldwide: all those performers who've participated in the event and appreciated two things on which the Festival's reputation has been built: the quality of the technical conditions, and the respect afforded the individual artist. Faithful Festival performer Pat Metheny, Dave Brubeck, Tony Bennett, Charlie Haden, Al Jarreau – each has publicly declared that this jazz festival is the world's best. Every year, musicians from more than twenty countries perform at the Festival, which has become the gateway not only for European jazz players seeking to make inroads on the North American scene but for Cuban, African and South American musicians as well. Concerts taped at the Festival have been telecast in some forty countries. As an international crossroads and a meeting point for all trends, the

commerciale directe, les gens prennent plaisir à circuler librement en toute sécurité d'une scène à l'autre, de découvertes musicales en dépaysements culturels. On assiste alors à l'émergence d'un étonnant phénomène social. Des foules immenses de toutes origines se rassemblent quotidiennement pour communier par la musique et participer à une véritable messe en plein air officiée par une multitude d'artistes venus de tous les continents. C'est bientôt l'explosion : le Festival entre avec fanfare dans la cour des grands. Pour son dixième anniversaire, le cap du million de festivaliers est franchi, celui de 2 000 musiciens vacille. Et tombe. Les chiffres incroyables se bousculent au portillon : 160 000 personnes assistent à l'hommage spectaculaire à la musique du Cirque du Soleil et à son compositeur, René Dupéré, (1995) ; plus de 100 concerts en salle différents en plus des spectacles gratuits ; plus de 400 spectacles en onze jours (1995) ; plus d'un million et demi de festivaliers dont 20 % de touristes étrangers, des retombées économiques qui frisent les 100 millions (1996)... Finalement, Alain Simard avait raison d'y croire, à son Festival !

INTERNATIONAL

Le Festival peut aujourd'hui s'enorgueillir d'avoir des milliers d'ambassadeurs « à travers le monde » : ces milliers d'artistes qui ont participé à l'événement montréalais ont pu apprécier la qualité des conditions techniques et le soucis du respect artistique qui ont fait la réputation du Festival. Pat Metheny, un fidèle habitué du Festival tout comme Dave Brubeck, Tony Bennett, Charlie Haden ou Al Jarreau, n'ont-ils pas tous affirmé publiquement : « C'est le meilleur Festival de jazz au monde » ? Chaque année, musiciens et interprètes de plus d'une vingtaine de pays se produisent au Festival, devenu avec les années la porte d'entrée par excellence des jazzmen

Festival offers the best of two worlds: the utmost in artistic quality from around the globe in tandem with the efficiency of a North American organization. It's an uncommon marriage, and one that has taken the fancy of the music community the world over.

On the planet Jazz, the Festival is a continent unto itself. Its fame now extends well beyond the banks of the St. Lawrence. In 1999, for its twentieth anniversary, more than 400 journalists from the two Americas, from Europe and from Asia are coming. The rays of the Festival sun reach a little farther with each subsequent edition. "In 10 days one can hear what one gets in New York during an entire year," the *Village Voice* once lamented; "one of the sweetest, most easy-tempered gatherings of more than a million people to be found anywhere on the planet," said the *Globe and Mail*; "the best American jazz festival is in Canada," trumpeted *Musician* magazine. In sum, as Howard Reich concluded in the *Chicago Tribune*, "It's the best festival in the world."

JAZZ

Let's ask the question: Why jazz? Because it's a universal music – Alain Simard would respond – that cares nothing about cultural frontiers and that thumbs its nose at linguistic barriers. A music born a hundred years ago in the Louisiana cotton fields that would subdue a planet and become the twentieth century's form of musical expression. A melting pot of African, Creole and European influences, the jazz that originated in Louisiana found ideal shelter in Montreal, a multiethnic city situated at the junction of Europe and America.

Think jazz and you think improvisation, innovation,

européens, mais aussi cubains, africains ou sud-américains, pour conquérir l'Amérique. Les concerts enregistrés au Festival ont été diffusés dans une quarantaine de pays. Carrefour international, point de convergence de toutes les tendances, le Festival offre le meilleur de deux mondes : la qualité artistique européenne et l'efficacité d'une organisation nord-américaine. Un mariage exceptionnel qui séduit la communauté artistique du monde entier.

Sur la planète Jazz, le Festival est un continent à lui seul. La renommée du Festival s'étend désormais bien au-delà des rives du Saint-Laurent. En 1999, pour son vingtième anniversaire, le Festival accueillera plus de 400 journa-listes des deux Amériques, d'Europe et d'Asie. Le Festival rayonne un peu plus loin à chaque nouvelle édition. C'est qu'on dit de lui beaucoup de bien. « Vous pouvez y entendre en dix jours ce que New York offre en un an », affirme le *Village Voice*. « C'est l'une des foules de plus d'un million de personnes les plus gentilles et bien élevées sur la terre », déclare le *Globe And Mail*. « Le meilleur Festival américain est au Canada », titrait le magazine *Musician*. Bref, « C'est le meilleur Festival au monde », de conclure Howard Reich, du *Chicago Tribune*.

JAZZ

Osons poser la question : pourquoi le jazz ? Parce que c'est une musique universelle qui se moque des frontières culturelles et fait tomber les barrières linguistiques, vous répondra Alain Simard. Une musique née il y a cent ans dans les champs de coton de la Louisiane pour subjuguer la planète et devenir la forme d'expression musicale du vingtième siècle. Creuset d'influences africaines, créoles et européennes, le jazz louisianais d'origine a trouvé une terre

exploration, discovery – qualities that the Festival, thanks to the efforts of artistic director André Ménard, has always made its own. Year after year Ménard creates an indoor lineup of shows that is endlessly innovative, that brings us first-time encounters and that provides (in the Invitation series, most notably) all the latitude accomplished musicians need to exploit the many facets of their talent to the greatest degree. The spirit of openness and imaginativeness holds sway in the outdoor programming as well, equally eclectic and original, the work of David Jobin. In fact, the outward face of the Festival is a good illustration of the fascinating personality of jazz itself: once on the site the Festival-goer improvises, stopping here and there, drifting from jazz-rock fusion over to a blues band, finishing the evening with some reggae, exploring various avenues, stumbling upon new rhythms. There's no uniformity to jazz, which is its strength and its charm. The Festival has never been afraid to take risks, and every current in jazz earns the right to make itself heard there. Over the years the event has played a role in popularizing new rhythms and making certain musical forms better known – not to mention the Petite École du Jazz, where at every Festival kids can get actual instruction in the basics of the music.

MONTREAL

Jazz and Montreal have been involved in a torrid love affair since way back when. In the twenties, during Prohibition, when the United States, officially dry, went to bed early and didn't celebrate much besides Thanksgiving, Montreal became the hotbed of the continent's night life. The best jazz clubs could be found here, and the greatest musicians

d'asile de premier choix à Montréal, cité multi-ethnique située au confluent de l'Europe et de l'Amérique.

Qui dit jazz pense improvisation, innovation, exploration, découvertes... Des qualités que le Festival, par l'entremise d'André Ménard, son directeur artistique, a fait sienne depuis toujours. Année après année, ce dernier signe une programmation en salle qui innove continuellement, orchestrant des rencontres inédites, donnant (notamment dans la série Invitation) toute la latitude à des musiciens de renom d'exploiter au maximum les multiples facettes de leur talent. Un esprit d'ouverture qui s'exprime également dans la programmation extérieure, éclectique et originale, menée tambour battant par David Jobin. En fait, le Festival dans son ensemble illustre bien la fascinante personnalité du jazz : une fois sur le site, le festivalier improvise, s'arrête ici ou là, passe d'un spectacle de jazz-fusion à un band de blues, et finira la soirée devant un groupe reggae, explorant diverses avenues, découvrant de nouveaux rythmes. Car le jazz n'est pas uniforme, et c'est ce qui fait son charme et sa force. Tous les courants du jazz ont droit de cité au Festival, qui n'a pas peur de prendre des risques. Au fil des ans, le Festival a donc servi à populariser de nouveaux rythmes, à vulgariser des formes musicales moins connues, en plus d'offrir chaque année aux enfants une véritable Petite École du jazz !

MONTRÉAL

Le jazz et Montréal vivent une torride histoire d'amour depuis longtemps. Dans les années 20, pendant la Prohibition, alors que les États-Unis, privés d'alcool, se couchaient tôt et ne fêtaient qu'au Thanksgiving, Montréal devint la plaque tournante du *nightlife* continental. On y

of the era could be heard in them. One of those who had the brilliant idea of being born here was called Oscar, as in Peterson. After him, players like Paul Bley, Oliver Jones, Maynard Ferguson, Vic Vogel, Michel Donato, Lorraine Desmarais and hundreds of other talented musicians have upheld Montreal's reputation as a jazz city. And no other metropolitan area can pride itself on having an event of this nature and scale located smack in the middle of downtown. It's a veritable enclave: visitors to it experience something unique; locals get to play tourist in their own town: a sort of dream city that draws people by the thousand and where life itself is heightened and transfigured by music.

In what other city could more than 100,000 people gather every day for ten days in an atmosphere as peaceful, clean and safe as the Festival's? The event has become a symbol, all over the world, of the quality of life in Montreal. Alain Simard himself says, "It's Montrealers themselves who are the big star of the Festival: their good humor, their openness, their congeniality." And it's a love match that, twenty years after the first encounter, shows no sign of running out of steam.

trouvait les meilleures boîtes de jazz, où se produisaient les plus grands musiciens de l'époque. L'un d'eux eut même la brillante idée d'y naître : on le baptisa Oscar, Oscar Peterson... Derrière lui, les Paul Bley, Oliver Jones, Maynard Ferguson, Vic Vogel, Michel Donato, Lorraine Desmarais et maintenant des centaines de musiciens talentueux perpétuent cette réputation de « ville de jazz ». Il n'y a que Montréal qui peut se targuer de posséder un tel événement populaire logé en plein centre-ville. Une véritable enclave dans laquelle les festivaliers sont invités à vivre une expérience unique et à jouer aux touristes dans leur propre ville ; une sorte de cité utopique où la musique adoucit les mœurs et qui attire des milliers de touristes.

Dans quelle autre ville pourrait-on rassembler pendant dix jours plus de cent mille personnes quotidiennement dans une atmosphère aussi calme, propre et sécuritaire ? Car ce Festival est devenu partout dans le monde le symbole de la qualité de vie montréalaise. Alain Simard l'affirme lui-même : « Les grandes vedettes du Festival, ce sont les Montréalais, leur bonne humeur, leur ouverture, leur convivialité ». Un mariage d'amour qui, vingt ans après la première rencontre, ne montre aucun signe d'essouflement.

Jean-Yves Girard

18 - 19

Claude Lamothe, 1995
Leni Stern, 1992

Piano Man Van Walls, 1992
Helmut Lipsky, 1990

Face painting for kids

Maquillage pour enfants

¡Cubanismo!, 1997

Johnny Clegg & Savuka, Grand Événement Alcan, 1988

Strings

Cordes

Four of his album titles had the word virtuoso in them.
Joe Pass in 1988, paragon of classic jazz guitar.

Stéphane Grappelli in 1984. All jazz violinists are his
descendents.

**Le mot virtuose apparaît sur quatre titres de ses
albums. Joe Pass, en 1988, le guitariste classique
de jazz par excellence.**

**Stéphane Grappelli, en 1984. Il est le père de tous
les violonistes de jazz.**

Bassist Christian McBride in 1998. By the age of
twenty-three he'd contributed to seventy-plus albums. ▶

**Le contrebassiste Christian McBride, en 1998.
À 23 ans, il avait déjà collaboré à plus de 70 albums.**

Supreme flamenco guitarist Paco de Lucía, enraptured
by the passions of his art; 1994.

**Paco de Lucía, l'exemplaire guitariste de flamenco,
dévoré par les passions de son art ; 1994.**

Al Di Meola in 1990. A jazz highlight in recent years has been his touring and recording with John McLaughlin and de Lucía.

Al Di Meola, en 1990. Ces dernières années, ses tournées et ses enregistrements avec John McLauglin et de Lucía ont illuminé le monde du jazz.

Didier Lockwood, Alain Caron and Jean-Marie Ecay in a 1996 Invitation concert: your typical old-fashioned jazz-rock-fusion hoedown.

Didier Lockwood, Alain Caron et Jean-Marie Ecay lors d'un concert Invitation, en 1996 : une soirée typique de fusion jazz-rock.

Former Miles Davis sideman; the infinitely creative Ron Carter; here in a solo performance in 1994.

Un ancien accompagnateur de Miles Davis au génie créatif. Ron Carter, dans un concert solo, en 1994.

Jim Hall, in 1996. His influence on younger guitarists has been as far-reaching as his sound is intimate and quiet.

Jim Hall, en 1996. Son influence sur les jeunes guitaristes n'a eu d'équivalent que l'intimité et le calme de sa musique.

Former Miles Davis sideman; the infinitely creative Ron Carter; here in a solo performance in 1994.

Un ancien accompagnateur de Miles Davis au génie créatif. Ron Carter, dans un concert solo, en 1994.

Jim Hall, in 1996. His influence on younger guitarists has been as far-reaching as his sound is intimate and quiet.

Jim Hall, en 1996. Son influence sur les jeunes guitaristes n'a eu d'équivalent que l'intimité et le calme de sa musique.

Sonny Greenwich, once a lonely avant-garde voice in
Canadian jazz; in 1994.

**Sonny Greenwich, jadis une voix solitaire à
l'avant-garde du jazz canadien; 1994.**

In Montreal the name Biddle immediately conjures up
jazz. Charlie Biddle in 1988.

**À Montréal, le nom Biddle est synonyme de jazz.
Charlie Biddle, en 1988.**

Lebanese oudist Rabih Abou-Khalil in 1993. His "bizarrely satisfying band" included an American tuba player and Indian and Turkish percussionists.

L'oudiste libanais Rabih Abou-Khalil, en 1993. Son groupe « bizarrement satisfaisant » incluait un tubiste américain et des percussionnistes indiens et turcs.

Fingerboard wizard Stanley Jordan in 1990, with any number of guitars on the go.

Stanley Jordan, un magicien du *fingerboard*, en 1990, entouré de guitares.

Béla Fleck. He helped rescue the banjo from jazz oblivion. Here playing an electric model, in 1993.

Béla Fleck. Il a redonné au banjo ses lettres de noblesse. Le voici grattant un modèle électrique, en 1993.

Keyboards

Claviers

Vibraphonist Gary Burton and pianist Chick Corea. So tight is their musical kinship it's difficult to tell where one leaves off and the other picks up. This 1982 performance saved the day for the Festival, which after a last-minute cancellation by Dexter Gordon, tracked the pair down at an airport in Europe (on their way back from a swing through Russia) and persuaded them to detour to Montreal where they filled in – memorably – at Théâtre Saint-Denis.

Le vibraphoniste Gary Burton et le pianiste Chick Corea. Leurs affinités musicales sont si grandes qu'il devient difficile de les différencier. Cette performance, en 1982, s'avérera une bénédiction pour le Festival qui, victime d'une annulation à la onzième heure, de la part de Dexter Gordon, a réussi à retracer les deux musiciens dans un aéroport d'Europe (de retour d'une tournée en Russie) et les a convaincus de faire un détour par Montréal pour livrer au pied levé une prestation – mémorable – au Théâtre Saint-Denis.

Cyrus Chestnut in 1997. His playing is possessed of joy – and also the "blessed quietness" rooted in his love for gospel. ▶

Cyrus Chestnut, en 1997. Son jeu exhale la joie et une « tranquillité bienheureuse » enracinée dans son amour du gospel.

Four pianists who've been part of the enormous impact Latin players have made on the international jazz scene. Cuba's prodigious virtuoso Chucho Valdés, in 1997. Also from Cuba, Gonzalo Rubalcaba in 1988, his first appearance in North America ("It's like a dream come true," he said). Volcanic New Yorker of Puerto Rican extraction Eddie Palmieri, in 1993. Panama's Danilo Pérez, a meeting point for jazz, blues and Latin rhythms; in 1998.

Ces quatre pianistes ont participé à l'impact énorme des musiciens latino-américains sur la scène internationale du jazz. Le prodigieux virtuose cubain Chucho Valdés, en 1997. Son compatriote, Gonzalo Rubalcaba, en 1988, lors de sa première apparition en Amérique du Nord (« On dirait un rêve devenu réalité », commentera-t-il). L'explosif New-Yorkais d'origine portoricaine, Eddie Palmieri, en 1993. Le Panaméen Danilo Pérez, au confluent du jazz, du blues et des rythmes latins, en 1998.

**Chucho Valdés
Gonzalo Rubalcaba**

Jo Privat, the "White Gypsy," during a Festival-long
open-air series of Paris Musette, in 1992.

**Jo Privat, le « gitan blanc », l'une des vedettes de
Paris musette, un spectacle-concept extérieur
présenté tout au long du Festival de 1992.**

The riotously virtuosic and funny Dorothy Donegan, in
1988. At the end of the last encore, she asked, "Did I
get the job?"

**Dorothy Donegan, virtuose hilarante, qui aime
casser la baraque ; en 1988. Après le dernier
rappel, elle demandera : « Est-ce que j'ai le job ? »**

Canadian-born pianist Renee Rosnes on her fourth
Festival visit, in 1997. She excels at transforming
powerful emotions into gripping music.

**Renee Rosnes, pianiste d'origine canadienne, à
sa quatrième visite au Festival, en 1997. De ses
émotions vives naît une musique hypnotisante.**

Michel Petrucciani in 1989. His lyrical spirit soared
beyond the confines of a dwarfed frame.

**Michel Petrucciani, en 1989. Petite taille, lyrisme
immense.**

One of the finest arrangers jazz has known, Gil Evans; ▶
here heading his own band in 1987.

**Gil Evans, l'un des meilleurs arrangeurs de
l'histoire du jazz, ici à la tête de son propre
orchestre, en 1987.**

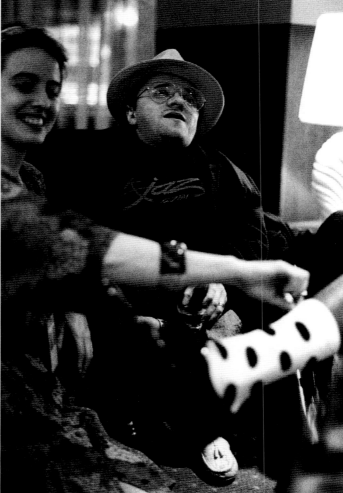

Jay McShann, in 1989. The Kansas City–based
bandleader and blues singer whose piano playing
mixes blues, boogie and swing.

**Jay McShann, en 1989. Chef et chanteur de blues
de Kansas City, McShann marie au piano blues,
boogie et swing.**

Oliver Jones, the most affable of pianists, in rehearsal
in 1989 with Charles Dutoit and the Montreal
Symphony Orchestra.

**Oliver Jones, le plus affable des pianistes,
en répétition, en 1989, avec Charles Dutoit et
l'Orchestre symphonique de Montréal.**

Oscar Peterson: lightness of touch, dizzying speed,
melodic creativity and an endless sense of swing; in 1995.

**Oscar Peterson : touche légère, vitesse étourdissante,
créativité mélodique et sens infini du swing ; 1995.**

The Oscar Peterson Award

Le Prix Oscar Peterson

Created to mark the Festival's tenth anniversary in 1989, the Oscar Peterson Award has been presented each year since then to a musician whose contribution to the evolution of jazz in Canada has been out of the ordinary.

Créé au dixième anniversaire du Festival, en 1989, le Prix Oscar Peterson est, depuis, remis chaque année à un musicien dont la contribution à l'évolution du jazz au Canada est exceptionnelle.

In 1996 guitarist Nelson Symonds received the Award. Symonds – seen here in 1987 – is a Nova Scotia native who settled in Montreal, where his devotion to the music became legendary.

En 1996, le guitariste Nelson Symonds recevait le prix. Natif de la Nouvelle-Écosse, Symonds, photographié ici en 1987, s'est établi à Montréal où sa passion pour le jazz deviendra légendaire.

Vic Vogel in 1988, consummate bandleader-composer-arranger and winner of the Award in 1992. A Montreal institution, and a presence at every edition of the Festival.Other honorees have been trombonist-band-leader-arranger Rob McConnell (seen here with Vic Vogel), in 1997; fusion trio UZEB, in 1991; pianist Paul Bley, in 1994; and in 1995 double bassist Michel Donato (the last three represented elsewhere in these pages).

Véritable institution montréalaise et habitué du Festival, Vic Vogel, ici en spectacle en 1988, chef d'orchestre-compositeur-arrangeur émérite, gagnera le prix, en 1992. Le Torontois Rob McConnell, tromboniste, arrangeur et chef d'orchestre, ici avec Vic Vogel, recevait, en 1997, la prestigieuse distinction. Le trio fusion UZEB, en 1991, le pianiste Paul Bley, en 1994, et le contrebassiste Michel Donato, en 1995, tous représentés ailleurs dans ces pages, ont également mérité le Prix Oscar Peterson.

Tenor saxophonist Fraser MacPherson was presented with the Award in 1993, shortly before his death. The graceful player is seen at a Festival performance in 1984.

Colorful, iconoclastic, irrepressible drummer-composer-arranger Guy Nadon, recipient in 1998. Here at his press conference he regales those in attendance with an impromptu performance, using what's available.

Le saxophoniste ténor Fraser MacPherson recevait le prix, en 1993, peu avant sa mort. Ce musicien plein de grâce est ici photographié lors du Festival de 1984.

Guy Nadon, pittoresque, iconoclaste et infatigable batteur-compositeur-arrangeur, était le lauréat de 1998. Le voici qui anime la conférence de presse d'une performance impromptue, en se servant de tout ce qui lui tombe sous la main.

Horns

Cuivres

Who could this be but Dizzy Gillespie, organizing force
behind bebop and jazz ambassador to the world; 1988.

**L'unique Dizzy Gillespie, grand promoteur du
bebop et ambassadeur mondial du jazz ; 1988.**

Montreal native Maynard Ferguson, who first made a
name for himself in the stratospheric upper reaches of
his trumpet; in 1990.

**Le trompettiste montréalais Maynard Ferguson
s'est fait un nom en propulsant ses notes très
haut, jusqu'au septième ciel ; en 1990.**

Trieste native Enrico Rava, seen in 1998 as part of
Richard Galliano's La Strada group.

**Enrico Rava, natif de Trieste, en compagnie du
groupe La Strada de Richard Galliano, en 1998.**

Howard Johnson captured in 1996 with Gravity, his
tuba sextet.

**Howard Johnson saisi sur le vif, en 1996, avec
Gravity, son sextette de tubas.**

Trieste native Enrico Rava, seen in 1998 as part of
Richard Galliano's La Strada group.

**Enrico Rava, natif de Trieste, en compagnie du
groupe La Strada de Richard Galliano, en 1998.**

Howard Johnson captured in 1996 with Gravity, his
tuba sextet.

**Howard Johnson saisi sur le vif, en 1996, avec
Gravity, son sextette de tubas.**

Trombonist Steve Turre in 1995, getting back to nature.

Le tromboniste Steve Turre, en 1995. Un retour à la nature.

Trumpeter Chet Baker can't get his act together in 1986,
leaving frustrated pianist Paul Bley to carry on solo.

**1986. Le trompettiste Chet Baker, égaré, ne trouve
plus ses marques, obligeant un Paul Bley frustré à
poursuivre au piano le spectacle en solo.**

No one ever played trombone like the exuberant Ray
Anderson, seen here in 1995.

**Personne n'a jamais joué du trombone comme
l'exubérant Ray Anderson ; 1995.**

Ira Sullivan and Red Rodney, two former sidemen of
Charlie Parker, in the quintet they co-led; 1984.

**Ira Sullivan et Red Rodney, anciens accompagna-
teurs de Charlie Parker, au sein du quintette qu'ils
codirigeaient ; en 1984.**

The unmistakable posture: Miles Davis in 1985, and in 1983. Years after his death journalists would still discuss Festival lineups in terms of his influence. One of his few self-portraits, dated 1988, was the inspiration for that year's poster. The Festival also produced a silkscreen of the work, which Davis put his signature to (page 14).

La pose caractéristique : Miles Davis, en 1985 et en 1983. Des années après sa mort, il reste pour les journalistes un point de référence dans l'évaluation des artistes engagés dans le Festival. L'un de ses rares autoportraits, daté de 1988, a inspiré l'affiche du Festival de cette même année. En outre, la direction du Festival a fait une sérigraphie de cette œuvre que Davis a lui-même signée. (voir page 14)

The Miles Davis Award

Le Prix Miles-Davis

In 1994, on the occasion of its fifteenth anniversary and with the approval of the great trumpeter's estate, the Festival created the Miles Davis Award to honor musicians who have made a difference in jazz, who through a combination of inborn talent and a sense of exploration have expanded the boundaries of their music and contributed to its renewal.

Recipients in the first five years have all been faithful to Davis's spirit, following their art where it leads them. In 1998 the Award went to John Scofield, pictured elsewhere in this book. Shown here are the winners for 1994 (John McLaughlin), 1995 (Pat Metheny), 1996 (Wayne Shorter) and 1997 (Herbie Hancock). All three collaborated with Davis at one time or other. Guitarist John McLaughlin, seen in performance in 1997, is a master of whatever he sets his hand to – free jazz, blues, jazz-rock fusion – and his work, with Indian musicians among others, has enlarged listeners' sense of musical possibilities. Pianist Herbie Hancock, fielding a question at a press conference the day the honor was announced, is one of jazz's memorable composers and one of its most versatile performers: acoustic jazz classicist, rhythm and blues innovator, champion of electronic jazz/funk. And saxophonist Wayne Shorter – caught here receiving his prize from Alain Simard and André Ménard – in his playing and composing pushed back the limits of 60s jazz and blazed trails in jazz fusion.

En 1994, année de son 15ᵉ anniversaire, le Festival, en agrément avec la succession du grand trompettiste, créait le Prix Miles-Davis pour rendre hommage à des musiciens de jazz innovateurs qui, par le mariage de leur talent naturel et de leur soif de la découverte, ont élargi les frontières de leur musique et contribué à son renouvellement.

Dans la foulée de Davis, les cinq premiers lauréats sont captifs de leur art. En 1998, le Prix était décerné à John Scofield (on trouvera sa photo ailleurs dans cet album souvenir). On voit ici les gagnants de 1994 (John McLaughlin), 1995 (Pat Metheny), 1996 (Wayne Shorter) et 1997 (Herbie Hancock). Tous trois ont, au fil de leur carrière, collaboré avec Davis. Le guitariste John McLaughlin, que l'on voit en concert, en 1997, transforme en or tout ce qu'il touche : free-jazz, blues, jazz-rock. Son travail, notamment avec des musiciens indiens, aura permis aux amateurs d'élargir leur univers musical. Le pianiste Herbie Hancock, photographié durant la conférence de presse en son honneur, est l'un des compositeurs de jazz les plus inoubliables et l'un des musiciens les plus polyvalents : interprète classique de jazz acoustique, innovateur dans le rhythm and blues, champion du jazz/funk électronique. Le saxophoniste Wayne Shorter, photographié lors de la remise de son prix par Alain Simard et André Ménard, a, par son interprétation et ses compositions, reculé les limites du jazz des années 60 et posé les jalons du jazz-rock.

John McLaughlin – 1997
Wayne Shorter – 1996
Herbie Hancock – 1997

The Sax

Le saxo

The endlessly inventive and witty Sonny Rollins,
in 1989. The ultimate melodic improviser.

**L'infiniment inventif et spirituel Sonny Rollins, en
1989. L'improvisateur mélodique ultime.**

There are horns, and there's the saxophone. The instrument that Adolphe Sax put his name to in the 1840s had become the quintessential medium of jazz expression a century later. One year there were so many saxophonists in the Festival program, tee shirts read "Everything you always wanted to know about sax."

Il y a les cuivres et il y a le saxophone. L'instrument qui tient son nom de son inventeur, Adolphe Sax, dans les années 1840, est devenu, un siècle plus tard, l'instrument de jazz par excellence. Une année, le Festival a attiré un si grand nombre de saxophonistes qu'on pouvait lire, sur des t-shirts : « Tout ce que vous avez toujours voulu savoir sur le saxe ».

One of the baritone saxophone's rare solo voices, Pepper Adams in 1986, his last concert.

L'un des rares adeptes du saxo baryton, Pepper Adams, en 1986, lors de son dernier concert.

Altoist and educator Jackie McLean, a groundbreaker in post-bebop jazz; 1997.

John Zorn's Masada project in 1997, music inspired by the mass suicide of Jewish resistance fighters nineteen centuries ago.

In the 60s the angry sounds of his tenor sax reflected the struggle of African-Americans against oppression. Archie Shepp, in 1990.

Jackie McLean, altiste, professeur et pionnier du jazz post-bebop ; 1997.

Le projet Masada, de John Zorn, en 1997, une musique inspirée du suicide collectif des combattants de la résistance juive, il y a 19 siècles.

Dans les années 60, son saxo ténor expulsait des notes tremblantes de colère, reflétant la lutte des Afro-Américains contre l'oppression. Archie Shepp, en 1990.

Michael Marcus in 1998, practitioner of a bluesy free jazz and upholding the Roland Kirk tradition: If one horn is good . . .

Michael Marcus, en 1998, adepte d'un jazz libre inspiré du blues et conservateur de la tradition de Roland Kirk : si un saxo est bon...

Four horns are even better. The World Saxophone Quartet, 1991 edition: David Murray, Oliver Lake, Arthur Blythe, Hamiet Bluiett.

Quatre saxos sont encore mieux. Le World Saxophone Quartet, édition 1991 : David Murray, Oliver Lake, Arthur Blythe, Hamiet Bluiett.

**L'altiste Benny Carter, en 1995, dans sa 87e année.
Si raffiné que ses proches l'appelaient « le Roi ».**

**Ornette Coleman, en 1988, défenseur d'une liberté
musicale complète pour les musiciens de jazz.**

Altoist Benny Carter in 1995, approaching eighty-seven.
So genteel, those closest to him call him "King."

**L'altiste Benny Carter, en 1995, dans sa 87e année.
Si raffiné que ses proches l'appelaient « le Roi ».**

Ornette Coleman in 1988. An advocate of total musical
freedom for jazz players.

**Ornette Coleman, en 1988, défenseur d'une liberté
musicale complète pour les musiciens de jazz.**

His playing evokes vast, distant spaces. Norway's Jan
Garbarek, here in 1992 with Czech-born bassist
Miroslav Vitous.

**Son jeu évoque les grands espaces lointains. Le
Norvégien Jan Garbarek, en 1992, avec le contrebassiste d'origine tchèque Miroslav Vitous.**

Joshua Redman, twenty-five years old and his reputation
already firmly in place; 1994.

**Joshua Redman, une réputation déjà bien assise à
25 ans ; 1994.**

James Carter, 1998. In his extravagances the ghosts of
tenor players past entertain our ears.

Henry Threadgill in 1995. He reasserted the function of
the composer in jazz.

**James Carter, en 1998. Ses extravagances rappellent
à nos oreilles les fantômes des anciens saxos ténors.**

**Henry Threadgill, en 1995. Il a redonné ses lettres
de noblesse aux compositeurs de jazz.**

The Louisiana-born Jean-Baptiste Jacquet, better known ▶
as Illinois: sensitive, bluesy, intelligent and romantic;
in 1989.

**Le Louisianais Jean-Baptiste Jacquet, mieux connu
sous le nom d'Illinois, sensible, mélancolique,
intelligent et romantique ; 1989.**

The supremely individualistic Lee Konitz in 1985. There's
no mistaking his clean tone and improvisational sense.

**Lee Konitz, individualiste à tout crin, en 1985.
Son timbre et son sens de l'improvisation sont
incontournables.**

Charles Lloyd performing solo in 1994. In the late 60s
he actually got young people to listen to jazz.

**Charles Lloyd en solo, en 1994. Vers la fin des
années 60, il réussira à véritablement intéresser
les jeunes à l'écoute du jazz.**

Baritonist Charles Papasoff in 1996, playing music he'd composed for the Ballets Jazz de Montréal production *Tristan Iseut*.

Le saxo baryton Charles Papasoff, en 1996, en train d'interpréter la musique qu'il avait composée pour la production *Tristan Iseut* des Ballets Jazz de Montréal.

An heir apparent to bebop genius Charlie Parker, Frank Morgan lost much of his adult life to prison. With George Cables, in 1989.

Héritier présomptif du génie du bebop, Charlie Parker, Frank Morgan passera une bonne partie de sa vie adulte en prison. Avec George Cables, en 1989.

Baritonist Charles Papasoff in 1996, playing music he'd composed for the Ballets Jazz de Montréal production *Tristan Iseut*.

Le saxo baryton Charles Papasoff, en 1996, en train d'interpréter la musique qu'il avait composée pour la production *Tristan Iseut* des Ballets Jazz de Montréal.

An heir apparent to bebop genius Charlie Parker, Frank Morgan lost much of his adult life to prison. With George Cables, in 1989.

Héritier présomptif du génie du bebop, Charlie Parker, Frank Morgan passera une bonne partie de sa vie adulte en prison. Avec George Cables, en 1989.

Jane Ira Bloom, soprano sax specialist, in 1988. She has
her own perspective; on this night she dedicated a
rumba to Torvill and Dean.

**Jane Ira Bloom, spécialiste du saxo soprano, en
1988. Personnalité atypique, elle dédiera ce soir-là
une rumba à Torvill et Dean.**

Voice

Voix

Had the saxophone been a human voice it would have been Betty Carter's. Her singing evoked the phrasings of horn players. Here in 1993.

Si le saxophone avait une voix humaine, ce serait celle de Betty Carter. Son phrasé évoque celui des cuivres ; 1993.

So does Dee Dee Bridgewater's. "My whole thing has been to prove to the musicians that I can do vocally what they do with an instrument." 1997.

Ainsi en est-il de Dee Dee Bridgewater. « Mon truc, c'est de prouver aux musiciens que je peux faire avec ma voix ce qu'ils font avec leur instrument » ; 1997.

Vocalese master Jon Hendricks's voice has a saxophone-like intonation. He's seen here with two-thirds of his Company, in 1991.

Carmen McRae in 1988, a singer with unequaled depths of feeling and a jazz pianist's intimacy with rhythmic subtleties.

Le maître du « vocalese », Jon Hendrick, a les intonations d'un saxophone. Le voici avec les deux tiers de son groupe, Company, en 1991.

Carmen McRae, en 1988. Elle dit ses textes avec une profonde émotion et les subtilités rythmiques d'une pianiste de jazz.

Al Jarreau's style betrays a Hendricks influence, and elements of Asian and African speech and song; 1995.

Le style d'Al Jarreau révèle l'influence de Hendrick et s'inspire d'éléments du langage et de la chanson asiatiques et africains ; 1995.

Ray Charles, who blended gospel with rhythm and blues to create something called soul. The very first headliner of the very first Festival, at the Expo Theatre in 1980.

Tony Bennett in 1997. The smoothness, the phrasing, the tone – he's been a hit with audiences for almost five decades.

Ray Charles a marié le gospel et le rhythm and blues, ce qui a donné le soul. La toute première tête d'affiche du tout premier Festival, à l'Expo Théâtre, en 1980.

Tony Bennett, en 1997. Fluidité, phrasé, timbre : il captive ses auditoires depuis près de cinq décennies.

Ranee Lee photographed in a program of Billie Holiday songs, a specialty of hers; 1994. ▶

Ranee Lee, lors d'un programme des chansons de Billie Holliday, l'une de ses spécialités ; 1994.

The unclassifiable Jane Siberry, in 1997. Folk, rock and jazz have all had their turn experiencing her wondrous voice.

L'inclassable Jane Siberry, en 1997. Folk, rock et jazz nourrissent sa merveilleuse voix.

Ben Harper in 1997. A voice of change, Harper combines an authentic spirituality with a hard, contemporary rock edge.

Ben Harper, en 1997. Une voix nouvelle qui marie une spiritualité authentique avec un son rock dur et contemporain.

Mavis Staples in 1997, former lead singer with the Staple Singers who would ascend to the throne of American gospel.

Mavis Staples, en 1997, ex-première voix des Staple Singers, montée plus tard sur le trône du gospel américain.

Some of Montreal's finer purveyors of the eternal message: Trevor Payne's Montreal Jubilation Gospel Choir, with Kat Dyson soloing; 1992.

Des Montréalais qui n'ont pas leurs semblables pour livrer le message éternel : le Montreal Jubilation Gospel Choir de Trevor Payne avec la soliste Kat Dyson ; 1992.

Mavis Staples in 1997, former lead singer with the Staple Singers who would ascend to the throne of American gospel.

Mavis Staples, en 1997, ex-première voix des Staple Singers, montée plus tard sur le trône du gospel américain.

Some of Montreal's finer purveyors of the eternal message: Trevor Payne's Montreal Jubilation Gospel Choir, with Kat Dyson soloing; 1992.

Des Montréalais qui n'ont pas leurs semblables pour livrer le message éternel : le Montreal Jubilation Gospel Choir de Trevor Payne avec la soliste Kat Dyson ; 1992.

Sarah Vaughan and Ella Fitzgerald. In 1983 they bookended the Festival with opening- and closing-night performances, the premier ladies of modern jazz song. Fitzgerald is seen at a return appearance, in 1987.

Sarah Vaughan et Ella Fitzgerald. En 1993, ces grandes dames de la chanson de jazz moderne ouvraient et clôturaient le Festival. On voit Fitzgerald lors d'une apparition subséquente, en 1987.

Cassandra Wilson in 1995. Her repertoire is from everywhere, and she remakes melody in ways unequivocally her own.

Cassandra Wilson, en 1995. Son répertoire est universel et elle reprend les mélodies à sa façon unique.

In 1997, two very contemporary artists with very retro inclinations. Madeleine Peyroux, revisitor of strong women singers of days gone by, arriving for work. Brian Setzer, newly incarnated as the leader of a rock 'n' roll big band.

En 1997, deux artistes très contemporains avec des tendances très rétro. Madeleine Peyroux, qui remet à la mode les chanteuses à voix d'autrefois, se présente au travail. Brian Setzer, devenu depuis peu leader d'un big band de rock 'n' roll.

▼

An otherworldly delivery dripping with emotion: Jimmy Scott is a unique voice in music. Here in 1995.

Un débit d'un autre monde, tout empreint d'émotion : la voix unique de Jimmy Scott ; 1995.

A French connection: singer-actor Philippe Léotard, a
typically Gallic blend of toughness and charm, in 1991;
Arthur H in 1990, with his songs of ordinary lives.

**Une filière française : Philippe Léotard, le mariage
à la française de la dureté et du charme, en 1991 ;
Arthur H, en 1990, chantre de la vie ordinaire.**

Not your everyday duo: French jazz pianist, arranger
and soundtrack trailblazer Michel Legrand; Quebec pop
diva Ginette Reno; 1986.

"The Songstress": soul great Anita Baker, in 1990.

**Un duo pas comme les autres : le Français Michel
Legrand, pianiste de jazz, arrangeur et pionnier de
la piste-son, et la diva québécoise de la chanson
pop, Ginette Reno ; 1986.**

**« The Songstress » : Anita Baker, un grand nom du
soul, en 1990.**

The one-man orchestra called Bobby McFerrin, in 1988.
His voice produces the instruments and sound effects,
his chest serves as rhythm section.

**Un homme-orchestre appelé Bobby McFerrin, en
1988. La voix pour les instruments et les effets
sonores, la poitrine pour la section rythmique.**

In the 50s the dark baritone of Joe Williams was an
essential part of the Count Basie Orchestra. In 1995
he was still going strong.

**Dans les années 50, la voix de baryton de Joe
Williams faisait partie intégrante du Count Basie
Orchestra. En 1995, il était toujours en forme.**

David Johansen in 1988, ex of New York Dolls, metamorphosed into Buster Poindexter, pompadoured leader of a supper-club cabaret.

David Johansen, en 1988, anciennement des New York Dolls, métamorphosé en Buster Poindexter, chef aux cheveux à la Pompadour d'un cabaret.

Singer-dancer-bandleader-raconteur Cab Calloway hosting the Cotton Club revue in 1991, fifty-five years after his first visit to Montreal. ▶

Cab Calloway, chanteur-danseur-chef d'orchestre-raconteur, était l'hôte de la revue Cotton Club, en 1991, 55 ans après sa première visite à Montréal.

Holly Cole in 1992. She communicates her vision of
a song's potential in a voice that leaps from sweet to
sultry in mid-phrase.

**Holly Cole, en 1992. Elle sait exprimer toute
l'intensité d'une chanson avec une voix qui passe
sans crier gare de la douceur à la volupté.**

Karen Young and regular partner Michel Donato in
1989: both with power, a beautiful tone, and grace.

**Karen Young et son partenaire habituel, Michel
Donato, en 1989 : puissance, beauté du timbre et
grâce.**

Italy's most renowned singer-songwriter-lawyer, Paolo Conte, in 1987, reflecting on the vagaries of life.

Le chanteur-parolier-avocat le plus célèbre d'Italie, Paolo Conte, en 1987, réfléchissant aux caprices de la vie.

"The Hardest Working Man in Show Business," the epitome of soul and funk, James Brown, in 1986.

« Le plus acharné des travailleurs du showbiz », une phrase qui incarne James Brown, roi du soul and funk ; 1986.

A family affair

Une affaire de famille

As the Festival has aged, inevitably different generations of a single family have been represented. In the footsteps of drummer Roy Haynes there's been his son, cornettist Graham. Composer-arranger-keyboardist Carla Bley has played the Festival more than once, and so has her daughter, vocalist-organist-harmonica player Karen Mantler. Drummer Dan Brubeck paid a visit after several by pianist father Dave. One of the blues stages has felt the vibrant presence of Johnny Copeland and a dozen years later of his daughter Shemekia. But the photos that follow catch close relatives – of different or similar generations – in performance at the Festival together.

Le Festival prenant de l'âge, il devenait inévitable que différentes générations d'une même famille y soient représentées. Dans la foulée du batteur Roy Haynes, il y a eu son fils, le cornettiste Graham. La compositrice-arrangeuse-claviériste Carla Bley a été plus d'une fois l'invitée du Festival, tout comme sa fille, la chanteuse-organiste-harmoniciste Karen Mantler. Le batteur Dan Brubeck est l'invité du Festival comme, plusieurs fois avant lui, son père, le pianiste Dave. Une douzaine d'années après son père le vibrant bluesman Johnny Copeland, sa fille Shemekia se retrouve sur les planches du Festival. Les photos ci-après croquent sur le vif des parents proches – de la même génération ou de générations différentes – se produisant ensemble au Festival.

Ellis Marsalis, elegant New Orleans pianist and developer of younger talents, including son Branford; 1996.

Ellis Marsalis, élégant pianiste de La Nouvelle-Orléans et développeur de jeunes talents, y compris celui de son fils Branford ; 1996.

Saxophonist Michael and trumpeter Randy – the Brecker Brothers, one of the most acclaimed jazz-rock groups of its time. This was a new version, in 1995.

Les frères Brecker, le saxophoniste Michael et le trompettiste Randy, l'un des groupes jazz-rock les plus applaudis de son temps. C'était une nouvelle édition, en 1995.

Jimmy Rowles, the accompanist's accompanist, accompanying
daughter Stacy in 1988.

**Jimmy Rowles, accompagnateur de l'accompagnateur,
accompagne sa fille Stacy, en 1988.**

Bucky and John Pizzarelli, two generations of infinitely delightful swing guitar, in 1996.

Bucky et John Pizzarelli, deux générations, mais une guitare swing infiniment agréable, en 1996.

Pianist-composer Toshiko Akiyoshi left Japan for America
in 1956. She's seen here with her husband, saxophonist-
flutist Lew Tabackin, in 1989.

**La pianiste-compositrice Toshiko Akiyoshi émigrait
du Japon en Amérique, en 1956. La voici avec son
mari, le saxophoniste-flûtiste Lew Tabackin, en 1989.**

The Blues

Le Blues

At once folk music and art form, the blues has over the years proved to be one of the Festival's biggest draws, in isolated performances or in series featuring local heroes or international stars. The first Festival blues offering, in 1982, was a twin bill of Sonny Terry and Brownie McGhee and Willie Dixon. These are a few of the scores of bluesmen and blueswomen who have followed in their footsteps.

À la fois musique folk et forme d'art, le blues s'est révélé au fil des ans l'une des plus grandes attractions du Festival, qu'il s'agisse de performances isolées ou d'une série mettant en vedette des artistes locaux ou des stars internationales. Le Festival présente du blues pour la première fois, en 1982, à la faveur d'un programme double : Sonny Terry et Brownie McGhee, puis Willie Dixon. Voici quelques-uns des nombreux interprètes de blues qui ont suivi leurs traces.

Shemekia Copeland, 1998.

Colin James, 1994.

Walter "Wolfman" Washington, 1987.

By invitation

Sur invitation

In Montreal, musicians get room to stretch out in more ways than one. A distinguishing feature of the Festival for the last ten years – one inspired by the 1988 appearances of guitarist Pat Metheny with various bands in various venues (he's seen here guesting a year later with Charlie Haden) – has been its Invitation series, where artists of renown are joined over a number of evenings by different players of their choosing. Among the hosts have been pianists Randy Weston and Paul Bley, bassists Ron Carter, Michel Donato and Alain Caron, guitarist Bill Frisell, saxophonist David Murray, and freewheeling trombonist Ray Anderson. The first series, in 1989, featured Festival regular Charlie Haden, a double bassist of multifaceted musical interests whose guest list included Joe Henderson, Don Cherry, Gonzalo Rubalcaba, Paul Bley, and his own Liberation Music Orchestra. Here Haden, pianist Geri Allen and drummer Paul Motian are seen getting their signals straight prior to a trio performance; five nights later he confers before show time with Brazilian piano and guitar virtuoso Egberto Gismonti. Host for the 1998 Invitation series was guitarist John Scofield, that year's recipient of the Miles Davis Award. He's shown with tenor saxophonist Joe Lovano in a meeting of jazz giants, and in the thick of New Orleans brass band the Dirty Dozen ("It was my wife's idea," Scofield said).

À Montréal, les musiciens ont la chance d'affirmer leur talent de plusieurs façons. Ces dix dernières années, le Festival s'est distingué par sa série Invitation, où des artistes renommés invitent sur scène des musiciens de leur choix. La série doit son origine au fait que Pat Metheny, en 1988, s'est produit dans plusieurs salles avec des formations diverses (on le voit ici, un an plus tard, invité de Charlie Haden). Au nombres des hôtes, les pianistes Randy Weston et Paul Bley, les contrebassistes Ron Carter, Michel Donato et Alain Caron, le guitariste Bill Frisell, le saxophoniste David Murray et le débridé tromboniste Ray Anderson. La première série, en 1989, mettait en vedette un habitué du Festival, Charlie Haden, contrebassiste aux goûts musicaux éclectiques. Figuraient parmi ses invités Joe Henderson, Don Cherry, Gonzalo Rubalcaba, Paul Bley et son propre groupe, Liberation Music Orchestra. Ici, Haden, la pianiste Geri Allen et le batteur Paul Motian reçoivent le signal avant leur performance ; cinq soirs plus tard, il s'entretient avant le spectacle avec le virtuose brésilien du piano et de la guitare, Egberto Gismonti. Le guitariste John Scofield, lauréat cette année-là du Prix Miles-Davis, était l'hôte de la série Invitation 1998. Le voici en compagnie d'un autre géant du jazz, le saxophoniste ténor Joe Lovano, et en pleine action avec l'orchestre de cuivres de La Nouvelle-Orléans, Dirty Dozen (« C'est l'idée de ma femme », dira-t-il).

Pat Metheny, Jack DeJohnette and/et Charlie
Haden – 1989

Charlie Haden, Geri Allen and/et Paul Motian
– 1989

Charlie Haden and/et Egberto Gismonti – 1989

French accordionist Richard Galliano in 1998. Legitimate heir
to Astor Piazzolla, his solo performance the year before so
impressed that he was brought back for an unofficial Invitation
series of his own; on this night with multi-instrumentalist
Michel Portal, here on bass clarinet.

**L'accordéoniste français Richard Galliano, en 1998, héritier
légitime d'Astor Piazzolla. Son concert solo de l'année
précédente avait été si applaudi qu'il fut invité à jouer le
rôle d'hôte lors d'une série Invitation non officielle ; il est
ici en compagnie de l'homme-orchestre Michel Portal, à la
clarinette basse.**

The World at Our Doorstep
Le monde à notre porte

Cesaria Evora in 1994. Her feet on stage are always
bare, in solidarity with those left behind in her dirt-poor
Cape Verde homeland.

**Cesaria Evoria, en 1994. Elle chante toujours pieds
nus, à l'image de l'indigence de son Cap-Vert natal.**

Argentina's Astor Piazzolla himself, in 1987. He created something new, transforming the passion of tango into an authentic modern art form.

L'Argentin Astor Piazzolla lui-même, en 1987. Il a innové, transformant la passion du tango en une forme authentique d'art moderne.

Francine Martel leads the African/new world collective of the Montreal-based Takadja ("vibrating while dancing"); 1992.

Bohemia's Věra Bílá for the first time in the new world, her singing rooted in the sorrows of Gypsy experience; 1997.

Francine Martel dirige le collectif Afrique/nouveau monde Takadja (« vibrer en dansant ») ; 1992.

Originaire de la Bohème, Věra Bílá, dont les chansons disent les peines de l'expérience tzigane, se produit pour la première fois dans le nouveau monde ; 1997.

Francine Martel leads the African/new world collective of the Montreal-based Takadja ("vibrating while dancing"); 1992.

Bohemia's Věra Bílá for the first time in the new world, her singing rooted in the sorrows of Gypsy experience; 1997.

Francine Martel dirige le collectif Afrique/nouveau monde Takadja (« vibrer en dansant ») ; 1992.

Originaire de la Bohème, Věra Bílá, dont les chansons disent les peines de l'expérience tzigane, se produit pour la première fois dans le nouveau monde ; 1997.

Les Têtes Brulées in 1992. No group doing the
Cameroonian style of music called bikutsi had probably
ever looked like this before.

**Les Têtes Brûlées, en 1992. Adepte d'un style de
musique camerounais appelé le bitsuki, ce groupe
est à nul autre pareil.**

Brazil's Milton Nascimento in 1994. Political commentary, poetry, and the supernatural all find expression in his wide-ranging tenor/falsetto voice.

Le Brésilien Milton Nascimento, en 1994. Commentaire politique, poésie et surnaturel s'allient dans cette voix qui oscille entre le ténor et le fausset.

Oumou Sangare, from the southern Mali region of Wassalou, in 1995. Her songs take up the women's issues of her country.

Oumou Sangare, du Wassalou, une région du Mali méridional, en 1995. Ses chansons abordent les problèmes des femmes maliennes.

Zap Mama, the largely a cappella and largely joyous vocal ensemble headed by Belgian-Bantu singer Marie Daulne, in 1994.

Zap Mama, joyeux ensemble vocal qui chante le plus souvent a cappella, dirigé par la chanteuse belgo-bantoue Marie Daulne, en 1994.

Montreal singer-dancer Lorraine Klaasen, 1996. With her
band Soweto Groove she sings of life in the townships and
the joy of freedom.

**La chanteuse-danseuse montréalaise Lorraine Klaasen,
en 1996. Avec son groupe Soweto Groove, elle chante
la vie dans les townships et la joie de la liberté.**

Cuba's Compay Segundo at ninety ("I'm the oldest
musician in the world who's still playing"), and joined
by Omara Portuondo; 1998.

**Le Cubain Compay Segundo, 90 ans (« Je suis le
plus vieux musicien au monde toujours actif »),
aux côtés d'Omara Portuondo ; 1998.**

Jamaica's Jimmy Cliff in 1988. Fifteen years earlier his film *The Harder They Come* had made a universal phenomenon of reggae.

Le Jamaïcain Jimmy Cliff, en 1988. Quinze ans plus tôt, son film *The Harder They Come* avait fait du reggae un phénomène universel.

King Sunny Ade, the force behind the worldwide boom of juju – a dance music inspired by Yoruba tribal percussion; here in 1992.

South African singers Mahlathini and the Mahotella Queens in 1990. They hooked up in 1964, and added dance routines to make a complete show.

King Sunny Ade, la force agissante derrière l'essor mondial du juju, musique de danse inspirée par les percussions de la tribu Yoruba ; en 1992.

Les chanteurs sud-africains Mahlathini et les Mahotella Queens, en 1990. Réunis depuis 1964, ils ont ajouté des numéros de danse pour faire un spectacle complet.

Two members of Touré Kunda, the Senegalese family band who delighted millions with their mixed musical influences and exuberant dance; in 1988.

The "liquid silver" voice of Senegalese griot Youssou N'Dour, the descendent of traditional story-tellers who created a new music; 1988.

Deux membres de Touré Kunda, une famille sénégalaise qui, par ses influences musicales variées et ses danses exubérantes, a réjoui des millions de fans ; en 1988.

La voix « argent liquide » du griot sénégalais Youssou N'Dour, descendant des conteurs traditionnels et créateur d'une musique nouvelle ; en 1988.

"I believe I learned my songs from the birds of the Brazilian forest" – Antonio Carlos Jobim, popular music's most recorded composer. And Astrud Gilberto, whose simple, dreamy interpretations of Jobim-written melodies propelled her to international stardom. Both in 1986.

« Je crois que les oiseaux de la forêt brésilienne m'ont appris mes chansons » – Antonio Carlos Jobim, le compositeur de musique populaire le plus souvent endisqué. Et Astrud Gilberto, devenue star internationale grâce à son interprétation simple et douce des mélodies de Jobim. Tous deux en 1986.

The Prix de Jazz

Le Prix de Jazz

As part of its endeavor to recognize and encourage the work of Montreal-area and later Canadian jazz musicians, in the third year of its existence the Festival created a competition. The first winner of the Prix de Jazz was Montreal double bassist Michel Donato, who thirteen years later would be honored with the Oscar Peterson Award for his contributions to the cause of jazz in Canada. By 1986 the competition had gone nationwide, providing a springboard for the new guard in Canadian jazz from sea to sea. Taking top honors in the Prix de Jazz has come to represent a foot in the door on the national and international markets.

Shown here are the leaders of four of the Montreal-based winners, all pianists who headed trios, and the leaders of three of the groups from other parts.

À sa troisième année d'existence, le Festival, désireux de reconnaître et d'encourager les musiciens de jazz de Montréal et, plus tard, de tout le Canada, mettait sur pied un concours. Premier lauréat du Prix de jazz, le contrebassiste Michel Donato recevra, 13 ans plus tard, le Prix Oscar Peterson pour sa contribution au jazz au Canada. Devenu national en 1986, le concours servira de tremplin à la nouvelle garde du jazz canadien, d'un océan à l'autre. Aujourd'hui, gagner le Prix de jazz, c'est s'offrir un débouché sur les marchés national et international.

On voit ici les chefs de quatre des lauréats montréalais, tous des pianistes à la tête de trios, ainsi que les chefs de trois des groupes venus d'ailleurs.

Lorraine Desmarais – Prix de Jazz Yamaha, 1984

James Gelfand – Prix de Jazz Alcan, 1992
Jon Ballantyne (with/avec Joe Henderson) – Prix de Jazz Alcan, 1986
John Stetch – Prix de Jazz du Maurier, 1998

Steve Amirault – Prix de Jazz Alcan, 1991

Tena Palmer of/de Chelsea Bridge – Prix de Jazz
du Maurier, 1993

Percussion
Percussions

Art Blakey in 1990 behind the final edition of the Jazz Messengers – proving ground for a long list of star players – and with just three months to live.

Once the house drummer at Birdland and a sideman of Charlie Parker's, Roy Haynes has made generations of musicians sound better. Here in 1998.

Art Blakey, en 1990, derrière l'édition finale de Jazz Messengers, rampe de lancement de nombre d'étoiles du jazz. Il mourra trois mois plus tard.

Jadis batteur attitré à Birdland et accompagnateur de Charlie Parker, Roy Haynes a contribué à accroître la qualité du son de plusieurs générations de musiciens. Le voici, en 1998.

Percussionist-pianist-vibist and author of Latin jazz standards Tito Puente, in 1998.

Le percussionniste-pianiste-vibraphoniste et compositeur de standards de jazz latin Tito Puente, en 1998.

Montreal's Bernard Primeau, whose ensembles have played much the same role as Blakey's, in a more local way; in 1990.

Le Montréalais Bernard Primeau, dont les ensembles ont joué un rôle comparable à ceux de Blakey, surtout sur la scène locale ; en 1990.

Two stick men who made their kits equal partners of band soloists. Hired by Miles Davis at age 17, Tony Williams was the model for most modern-jazz drummers. Elvin Jones's aim was "a flow of rhythm all over the set" – 1989 and 1994.

Deux batteurs qui, d'abord accompagnateurs, sont devenus solistes de plein droit. Engagé à 17 ans par Miles Davis, Tony Williams fera figure de modèle pour la plupart des batteurs de jazz moderne. L'objectif d'Elvin Jones : « une coulée de rythmes à travers la scène » ; 1989 et 1994.

Two Brazilian percussionists, Airto Moreira in 1992 and
Nana Vasconcelos in 1988, with their respective arsenals.

**Deux percussionnistes brésiliens, Airto Moreira,
en 1992, et Nana Vasconcelos, en 1988, avec leurs
arsenaux respectifs.**

Keyboardist, composer of great talent and a master of
every drumming style: Jack DeJohnette in 1996.

**Claviériste, compositeur talentueux et maître de tous
les styles de la batterie : Jack DeJohnette, en 1996.**

The Grand Événement
Le Grand Événement

On a July evening in 1987, members of a French instrument-voice-dance collective called Urban Sax materialized on the rooftops and walls of Complexe Desjardins and the Place des Arts in the heart of downtown Montreal – and before a spellbound crowd of 40,000, something new was born. The Festival, with its joyful appropriation of city streets, had been a celebration of the urban environment almost from the beginning, but never before had it ventured to make its surroundings so much a part of the act. The night marked a turning point. In the crystallization of entertainment and the sharing of a sense of place, a dream of Festival organizers was realized. From that point on, people knew that, however briefly and however unusual the circumstances, public space could once more belong to them. It was a celebration of music and the fact of simply being together – and being an audience – in such large numbers in a city center that was itself an element in the show. The Grand Événement, as it's come to be called, is a megashow, a "free-of-charge inner-city block party"; and it's become as distinctive a feature of the Festival as the cross on the mountain is of our cityscape. Spectators in recent years begin to gather hours before the scheduled start, and the very scale of the event becomes as much an attraction as the music: hundreds of spotlights focus on musicians, dancers, acrobats, arrayed over multiple stages (and not just stages: participants have appeared on building facades suspended from ropes, as though scaling urban Everests); outsized images are projected on giant video screens and bring to magic life the blank walls of adjacent structures; music beams out via a series of relay speakers on 60,000 watts of sound to crowds that have topped the 150,000 mark. The event has been a salsa party, a Gypsy encampment, an enormous hip-hop club and a Louisiana shindig. These are what some of the other years have offered.

Un soir de juillet 1987, les membres d'un collectif français d'instrumentistes, de chanteurs et de danseurs, appelé Urban Sax, se matérialisaient sur les toits et les murs du Complexe Desjardins et de la Place des Arts, au cœur de Montréal. Devant 40 000 personnes envoûtées, quelque chose venait de naître. En s'appropriant joyeusement les rues de la ville, le Festival avait voulu, presque d'entrée, célébrer l'environnement urbain, mais jamais n'avait-il osé s'intégrer à ce point à son cadre naturel. Cette nuit-là allait marquer un tournant. Un rêve des organisateurs du Festival venait de se concrétiser par la cristallisation du divertissement et le partage d'un lieu commun. Dorénavant, la population sait que l'espace public peut une fois de plus lui appartenir, ne serait-ce que brièvement et dans des circonstances inédites. Le fait de célébrer la musique et d'être simplement ensemble au centre de la ville – et de constituer un auditoire si considérable – fait partie intégrante du spectacle. Le Grand Événement, comme on le baptisera, est un mégaspectacle, une fête gratuite au centre-ville, une communion profane moderne où l'osmose entre les gens, la musique et la technologie éblouit tous nos sens. Il est maintenant indissociable du Festival, comme la croix sur la montagne l'est du paysage urbain. La foule se rassemble des heures avant le spectacle, et l'envergure même de l'événement constitue une attraction aussi grande que la musique. Des centaines de projecteurs se braquent sur les musiciens, danseurs et acrobates déployés sur des scènes multiples (et il n'y a pas que des scènes : des artistes sont apparus sur des facades d'édifices, suspendus à une corde, tels des alpinistes d'un Everest urbain) ; des images gigantesques sont projetées sur des écrans vidéo, donnant vie aux murs dénudés des structures adjacentes ; la musique est diffusée par une enfilade de haut-parleurs de 60 000 watts à des foules de 150 000 personnes. Party salsa, campement gitan, club hip-hop géant, fête louisianaise : l'événement est multiforme. En voici d'autres images.

Urban Sax at the Événement Spécial Alcan. An apparition
for the nuclear age, alternately angelic and insectoid.

**Urban Sax, à l'Événement Spécial Alcan. Une
apparition à l'âge du nucléaire, tantôt angélique,
tantôt insectoïde.**

The "first lady of gospel": Queen Esther Marrow and the
Harlem Gospel Choir in a sizzling and perfect communion with
the 1998 Grand Événement du Maurier throngs. "Gospel
according to 100,000," read the next day's headlines. "Queen
Esther converts multitudes."

**La « première dame du gospel », Queen Esther Marrow, et
le Harlem Gospel Choir en communion brûlante et parfaite
avec la foule du Grand Événement du Maurier 1998. « Le
gospel selon 100 000 », titrait-on le lendemain. « Queen
Esther convertit la multitude ».**

South Africa's Johnny Clegg – integrator of Western and
African musics; self-contained anti-apartheid statement –
and his group Savuka perform before a crowd of close to
50,000; the Événement Spécial Alcan, 1988.

**Le Sud-Africain Johnny Clegg, qui a marié les
musiques occidentale et africaine et s'est fait l'apôtre
de l'anti-apartheid, devant une foule de près de
50 000 personnes avec son groupe Savuka, lors de
l'Événement Spécial Alcan, en 1988.**

At the Grand Événement du Maurier in 1995 the two most successful entertainment ventures in Quebec history join hands as the Festival pays tribute to the Cirque du Soleil and the beguiling music of its composer, René Dupéré. "Last night the circus came to town," said John Griffin in the Gazette. "And a record 160,000 kids of all ages turned out to see it."

Lors du Grand Événement du Maurier de 1995, les deux plus beaux *success stories* du Québec se tendent la main alors que le Festival rend hommage au Cirque du soleil et à la musique envoûtante de son compositeur, René Dupéré. « La nuit dernière, le cirque était en ville, écrira John Griffin dans *The Gazette*, et une foule record de 160 000 enfants de tous âges étaient sur place. »

Guitarist Michel Cusson, drummer Paul Brochu and bassist Alain Caron – UZEB, Canada's premier hard-core jazz-rock band – receiving cheers from 90,000 after the Événement Labatt Bleue in 1992.

Le guitariste Michel Cusson, le batteur Paul Brochu et le bassiste Alain Caron : UZEB, groupe par excellence de jazz-rock au Canada, applaudi par 90 000 personnes après l'Événement Labatt Bleue, en 1992.

At 1997's Grand Événement du Maurier, the red-hot band ¡Cubanismo! under trumpeter Jesús Alemañy. Their music was as torrid as summer itself. "La gran fiesta nunca antes vivida," said Montreal's *La Voz* – a party like we've never seen.

Au Grand Événement du Maurier 1997, ¡Cubanismo!, un orchestre brûlant sous la direction du trompettiste Jesús Alemañy. Une musique torride comme l'été. " La gran fiesta nunca antes vivida ", écrivait *La Voz* de Montréal – une fête comme on n'en a jamais vu.

Patrick Bruce Metheny... The Festival has scarcely happened without him. The two seem to have spread their wings together: in 1981 he played a club; in 1988 he was part of eight concerts; in 1989, this (the Grand Événement Alcan). The Festival's golden boy, and Pat Metheny's golden festival: "There's no question the Montreal Festival is the best in the world," he's said. "There's no question about it."

Patrick Bruce Metheny... intimement lié à l'histoire du Festival. Tous les deux semblent avoir déployé leurs ailes ensemble. En 1981, il se produisait dans un club ; en 1988, il se joignait à huit concerts ; en 1989, il était la vedette du Grand Événement Alcan. Il est l'enfant chéri du Festival et le Festival est son enfant chéri : « Le Festival de Montréal est sans conteste le meilleur au monde », a-t-il dit. « Sans conteste ! »

PHOTOGRAPHER INDEX

Were it not for the presence at the Festival of talented photographers throughout the years, we would have a much harder time today recalling the many moments of pure emotion that have lent the Montreal International Jazz Festival its very special flavor.

INDEX DES PHOTOGRAPHES

N'eut été de la présence de photographes de talent tout au long de ces années, nous ne pourrions aujourd'hui rappeler à notre mémoire les instants de pure émotion qui ont donné cette saveur unique au Festival International de Jazz de Montréal.

Dépôt légal : 2ᵉ trimestre 1999 Bibliothèque nationale du Québec
Legal deposit: 2nd quarter 1999 National Library of Canada